Sie halten es jedoch für besser, eher ihren
Verstand daran zu geben,

als gegen ihren Glauben dem Lichte ihrer
Vernunft zu folgen.

Abbé Meslier (1664–1729)

Robert Zwilling

Häretische Eingebungen
und andere Sudeleien

Dubitare aude!

**Bibliographische Information
der Deutschen Nationalbibliothek**

Die Deutsche Nationalbibliothek verzeichnet diese
Publikation in der Deutschen Nationalbibliographie;
detaillierte bibliographische Daten sind im Internet über
http://dnb.d-nb.de abrufbar.

© 2008 by Robert Zwilling, 69198 Schriesheim

Layout: Martin Zwilling, Berlin

Herstellung und Verlag: Books on Demand GmbH,
Norderstedt

ISBN – 13: 978-3-8370-6474-2

Häretische Eingebungen
und andere Sudeleien

Häresie ist die Erneuerung des Denkens durch Zweifel und Abweichung.

---oOo---

Die Objektivität wächst mit dem Abstand -
Von 10 Milliarden Lichtjahren her gesehen ist die Gleichgültigkeit gegenüber einem Stein oder einem Menschen gleich groß.

---oOo---

So sicher hat mich noch nie jemand geführt, sagte das Schaf, als der Metzger es zur Schlachtbank brachte.

---oOo---

Hörst Du diesen eintönigen Gesang aus tausend Kehlen?
Es sind die Zikaden, denen keine andere Melodie zur Verfügung steht.

Die Ameise

Auf dem dreistündigen Weg durch den Wald von Altenbach zum Neckar begegnet mir auf jedem Meter eine Ameise.

Hier kommt die nächste. Sie läuft rasch und gradlinig dahin und scheint ein Ziel zu haben.

Aber sie weiß nicht, dass sie unter einer Fichte läuft, dass sie im Wald bei Wilhelmsfeld läuft, dass sie im Rhein-Neckar-Kreis läuft, dass sie in Baden- Württemberg läuft, dass sie in Deutschland läuft, dass sie in Europa läuft, dass sie auf dem Erdball läuft, dass wir alle durch das Sonnensystem laufen...

Und ich, der dies alles weiß, bemerke mit einem Male, dass ich trotz meines vorläufigen Wissens in der gleichen Lage bin und auch keine Vorstellung davon habe, wo ich mich befinde.

---ooo---

Kein noch so sophistisches Argument kann dem Verstand etwas hinzufügen.

---oOo---

Jede Festlegung ist die Ausschließung anderer Möglichkeiten.
Wie konnte der Allmächtige sich nur auf den Wasserstoff festlegen?

---oOo---

Ja, warum ist die Welt gerade so, wie sie ist, und nicht anders?

---oOo---

Noch ein Dilemma

Man sagt, der Mensch habe einen freien Willen, damit er verantwortlich sein könne.
Diesen benutzt er ganz offensichtlich auch dazu, eine fast unbegrenzte Zahl von Menschen, und damit gleichzeitig unsterbliche Seelen zu erzeugen.

Gott muss nun alle diese Seelen aufnehmen und sehen, wie er sie auf ewig unterbringt, obwohl er ihr Zustandekommen gar nicht regulieren kann.

Es sollen schon 100 Milliarden Menschen gelebt haben. Und die Welt ist noch nicht an ihrem Ende angekommen und so könnten es auch 1 000 Milliarden werden.

Wohin damit auf ewig? Und ob die sich wohl alle kennen lernen werden? ---

Hier stimmt etwas an den Voraussetzungen nicht.

---oOo---

Hinweis

Ein Biologe signalisiert den Geschichtswissenschaften:

Schaut doch einmal bei euch nach, hier bei uns haben sich große Unstimmigkeiten und Zweifel bei der christlichen Offenbarung ergeben. Eine solche hat nie stattgefunden und entbehrt wohl jeder historischen Grundlage.

Es müsste doch einer Geschichtswissenschaft, die den Anspruch erhebt, eben eine Wissenschaft zu sein, möglich sein, hier zwischen Fakten und Fiktionen zu unterscheiden.

Und wie es einer Wissenschaft gut ansteht, das Ergebnis auch offen auszusprechen.

---ooo---

Was hülfe es der Ameise, wenn sie an Jesus Christus glaubte?

---ooo---

Was man glaubt und was man nicht mehr glaubt, hängt von der jeweiligen Entwicklung des Verstandes ab.

Mit 4 Jahren hielt ich den Osterhasen für eine Realität, denn meine Großmutter – eine für mich sehr glaubwürdige Zeugin – hatte ihn durch den Garten hüpfen sehen.

Aber mit 18 Jahren wusste ich, dass Jesus Christus nicht der Sohn eines »Gottes« war, obwohl es diesmal sogar der Papst sagte.

---ooo---

Unsere Moral und unsere Ethik kommen allein aus unserem Fühlen und unserer Veranlagung. Ebenso wie das Pendant, das Unmoralische und das Verwerfliche.

Niemand kann auf Dauer dagegen handeln, sondern wir werden tausend Gründe für unser Handeln finden und es rechtfertigen. Oder wir werden uns notfalls *ent*-schuldigen.

Und so hat auch die Kirche stets gewusst, ihre Unmoral und sogar ihre Verbrechen mit tausend Gründen zu rechtfertigen oder sich sehr spät zu *ent*-schuldigen.

(Das zur Frage von Kardinal Martini, woher wohl die Ethik komme, wenn nicht von »Gott«).

---ooo---

Man hat noch nicht gesehen, dass die Religion einen religiösen Menschen an irgendeiner Schandtat gehindert hätte. Nur die Selbstrechtfertigung gewinnt.

Es soll sogar Heilige für die Diebe geben und die Mafia betet unter dem Bild der Mutter Gottes.

---ooo---

Ich achte und bewundere die Waldenser, weil sie standhafte Häretiker waren.
Eine jede Häresie wird aber über kurz oder lang wieder zu einem erstarrten Fundamentalismus, wenn aus ihr keine neue Häresie hervorgeht, die sich gegen die alte wendet.

---ooo---

Religion macht die Menschen nicht gerechter, aber selbstgerechter.

---ooo---

Mit den Wölfen heulen oder mit den Lämmern blöken.

---ooo---

Alles, was die Menschen nicht verstehen, nennen sie »Gott«.

Das hat aber gar nichts Göttliches an sich, sondern ist etwas sehr Menschliches.

---ooo---

Man muss den Menschen von der Furcht befreien, irgendein Gott würde ihn strafen, wenn er nicht die von Menschen ausgedachten Regeln und Vorschriften befolgt, da diese doch nur Herrschaftsinstrumente sind und bestenfalls Selbstbetrug.

---ooo---

Es gibt eine zweifache Verwendung des Wortes Schuld.

Einmal ist da die eigenen Schuld, die man gelegentlich bekennt, mit dem Zusatz »wir sind alle Sünder«, um daraus eine Scheinautorität zu gewinnen und um desto eher auf die Schuld der anderen zu verweisen: »Ihr seid alle Sünder«.

Zwischen der Aussage »Wir sind alle Sünder« und der Aussage »Ihr seid alle Sünder«, klafft aber ein großer Unterschied, den die katholische Kirche sich von jeher zu Nutzen gemacht hat. Wie könnte sie sonst, mit ihrer Schuld am Tod zahlloser Unschuldiger, sich überhaupt noch zuständig für die Schuld der anderen erklären?

---oOo---

Den Ängstlichen, den Unwissenden und den Gutgläubigen den Glauben als eine Wahrheit verkaufen.

---oOo---

Hätte die Ameise mehr Verstand, sie wäre genau so entsetzt über die Sinnlosigkeit ihres Lebens wie wir Menschen es sind.

---oOo---

»Gott« ist ein Machtinstrument des Menschen über den Menschen.

---oOo---

Kann ein Aberglaube Geschichte machen? Und wie!

---ooo---

Alterung: Solange wir nicht verstehen, wie der tierische oder menschliche Organismus sich aufbaut, solange werden wir nicht verstehen, wie er sich abbaut.

---ooo---

Ich will ja nicht sagen, dass die Seele eine unberechtigte Idee sei, aber leider haben wir sie nur erfunden.

---ooo---

Gibt es Sinn- und Schicksalsfragen, welche sich auch bei größtem Bemühen, nicht im Interesse des Menschen und seiner Hoffnungen beantworten lassen?
Viele Menschen meinen oder erwarten, solche könne es gar nicht geben.
Aber für das Leben der Ameise akzeptiert man dagegen viel leichter die Sinnlosigkeit.

---ooo---

Glauben ist eine Indoktrination, die das klare Denken behindert.

---ooo---

Wären wir alle zölibatäre Priester geworden, dann gäbe es schon keine mehr.

---ooo---

Hätte man Christus nicht am Kreuz hingerichtet, was wäre dann aus ihm geworden?

Ein Familienvater mit Kindern? (Und diese Halbgötter?)

Ein Greis, der am hohen Alter stirbt?

---ooo---

Die Tatsache, dass wir keineswegs alles wissen und verstehen, kann doch niemals ein ausreichender Grund dafür sein, überholte Annahmen und Legenden zu verbreiten oder gar neue zu erfinden.

---ooo---

Wir haben keinen Grund zu der Annahme, dass die religiöse Tempelmusik im alten Babylon in den Ohren der Zuhörer nicht wundervoll und erhaben geklungen hat.

Aber wir haben allen Grund zu der Annahme, dass die Geschichten und Vorstellungen, welche sie begleiteten, bloße mythische Legenden waren, die nichts mit dem Urgrund der Welt zu tun haben.

So auch mit Bach.

---ooo---

Der Mensch ist die Ausarbeitung einer Idee, welche bereits im Regenwurm angelegt ist.

---ooo---

Auf unser menschliches Gehirn sollten wir nicht zu stolz sein, denn wir haben nichts dazu beigetragen

Idee, Anlage und Funktionsweise hat sich bei den »niederen« Tieren entwickelt, auf welche wir herabsehen und mit denen wir nichts zu tun haben wollen.

---ooo---

Mein Leben hat das absolute Schweigen nur kurzzeitig unterbrochen.

---ooo---

Ich habe 10 Milliarden Jahre nicht gelebt und es hat mich nicht bekümmert.
Und ich werde 10 Milliarden Jahre nicht mehr leben und es sollte mich auch nicht bekümmern.
Nur dazwischen war eine Merkwürdigkeit.

---ooo---

Wie viel Unsinn man doch in klingende Worte kleiden kann.

---ooo---

Niemand wird dir die Wahrheit sagen. Du musst sie selbst herausfinden.

---ooo---

Wir existieren nirgendwo anders als in den feuchten und schleimigen Nervenzellen unseres Gehirns.

---ooo---

Die Kirche: Wie kann jemand, der sich früher so kontinuierlich und schrecklich irrte, darauf hoffen, heute das Rechte zu finden?
Und wie kann man dann mit umfassendem Anspruch immer wieder den Versuch machen, den Leuten mit großem moralischem Gestus Meinungen zu oktroyieren, deren Grundlagen nicht weiter begründet werden.

---ooo---

Wie können wir sicher sein, dass Gott nicht schon vor 600 oder 800 Jahren das unchristliche Treiben der Kirche beobachtete und schließlich sagte: Jetzt reicht es mir endgültig, ich wende mich ein für alle Mal von diesen Leuten ab. Und es ist unter meiner Würde, sie davon auch nur zu unterrichten.

---ooo---

Die Aufforderung zum Glauben ist die Aufforderung, mit dem Denken auszusetzen und dies zugleich vehement zu bestreiten.

---oOo---

Es ist an der Zeit, die Zeit zum neuen Gott zu erheben. Sie bringt alles hervor und verschlingt am Ende alles. Sie lindert den größten Schmerz und lässt ihn schließlich bedeutungslos werden.

---oOo---

Man muss den Mut haben, den Glauben an Jesus Christus als Aberglauben zu bezeichnen, damit die Menschen sich vor die Notwendigkeit gestellt sehen, wieder mit dem Denken anzufangen und neu zu suchen.
Gerade Wissenschaftler haben die Verpflichtung hierzu.

---oOo---

Die einzige und wichtigste Voraussetzung für den Glauben ist die Unwissenheit.

---oOo---

Die Komplexität unseres Gehirns ermöglicht den Umfang des Erkennens, stellt aber zugleich auch dessen Begrenzung dar.

---ooo---

Der Mensch besteht lebensnotwendig aus Mundöffnung und After. Dazwischen sitzt das Gehirn und der ganze Rest.

---ooo---

Für die, die nach uns leben, werden wir zuerst im vergangenen Jahrhundert, dann im Mittelalter und schließlich in der Vorgeschichte verschwinden.

---ooo---

Die Mystifikation der Welt ist das Substrat, auf dem die Ausbeutung und die Herrschaft über andere gedeihen.

---ooo---

Alle Götter der Vergangenheit sind dahin. Tausende. Ausnahmslos. Alle.

Wie inbrünstig haben wir doch an sie geglaubt.

Und dies, obwohl die Menschen stets glaubten, dass gerade ihre jeweiligen Götter einzigartig seien.

Aus welchem Grunde sollten dann nicht auch unsere Götter vergehen, obwohl wir schon wieder meinen, dass sie einzigartig seien?

---ooo---

Ich habe mich nicht erfunden, sondern ich habe mich vorgefunden.

---ooo---

Das Wunderschöne ist, dass es auch Schimpansen gibt und nicht nur Menschen,
und dass es auch Mohammedaner und Buddhisten gibt und nicht nur Christen,
denn sonst wäre der Nachweis, dass manche Annahmen unsinnig sind, weniger offensichtlich.

---ooo---

Wir denken aus der Tiefe unseres Gefühls.

---ooo---

Die Angst ist da, aber sie kann den Verstand nicht überwinden.

---ooo---

Unser Leben ist ein Punkt in einer Zeit ohne Anfang und ohne Ende.

Unsere Existenz konzentriert sich in einem Punkt in einem unendlichen Raum.

Und beide Punkte können wir nicht verlassen.

In dieser Situation sind die Götter eine Erfindung der Menschen in ihrer Ratlosigkeit.

Es ist jedoch unmöglich, aus solchen Gegebenheiten einen Sinn für das Individuum zu konstruieren.

---ooo---

Keine Religion ohne Versprechungen und Drohungen.

Und keine ohne Gewalt.

Das Verstehen aber kommt ohne diese aus.

---ooo---

Die Gerechtigkeit und das Gute siegen immer, denn die Sieger stehen immer für die Gerechtigkeit und das Gute.

---ooo---

Siamo animali con un cervello bastanza sviluppato.

---ooo---

Die Behauptung, mit einer höheren Macht im Bunde zu sein, hat noch allemal dazu gedient, über andere Menschen zu herrschen und diese dienstbar zu machen.

Oft genügt allein schon die Berufung darauf, von dieser höheren Macht zu wissen und in ihrem Sinne zu handeln.

So funktionieren alle Religionen:

- Israel und der Bund mit Gott
- ›Gott mit uns‹ auf den deutschen Koppelschlössern
- God save America

---ooo---

In einer Gruppe Gleichgesinnter ist es sehr schwer, einen eigenen, anders lautenden Gedanken zu fassen.

---ooo---

Sie reden und reden, von allem und von jedem – Aber sie fragen sich nicht ein einziges Mal, ob das alles auch wahr ist.

---ooo---

Weihrauch, Klingeln und Glocken, farbige lange Gewänder der Priester, kultische Symbole und kultische Handlungen, all das gab es schon seit Babylon, um die Sinne der Menschen zu vernebeln und den Verstand zu unterdrücken. Und dies gab es wohl auch schon weit früher - seit Anbeginn der Menschheit -, wie man an Schamanen und primitiven Naturreligionen ablesen kann.

All das hat sich seither nicht verändert und ent- spricht daher wohl einem tief verwurzelten

Bedürfnis einfacher Menschen oder zeugt auch von deren Manipulierbarkeit.

Peinlich ist nur, dass sich die behaupteten Inhalte ständig geändert haben - und das diskreditiert das Ganze.

Wie viele Götter sind nicht schon auf diese Weise aufgetaucht und wieder verschwunden. Tausende. Am Ende kennt niemand mehr ihre Namen.

Man kann daraus schließen, dass auch unseren heutigen Göttern ein gleiches Schicksal beschieden ist.

---ooo---

Gli uomini sono creduloni.

---ooo---

An seinem Glauben kann man mit einiger Deutlichkeit ablesen, wie es um die Urteilsfähigkeit eines Menschen bestimmt ist.

---ooo---

Pfarrer sind wie Ärzte. Sie müssen ein Wissen vortäuschen, das sie gar nicht haben.

---oOo---

Würde heute jemand erstmals auf die Idee kommen, Dutzende von katholischen und evangelischen Fakultäten - ohne geschichtlichen Vorlauf - an unseren Universitäten neu zu gründen, die sich auf eine Jungfrauengeburt, sonstige einschlägige Wunder, eine Wiederauferstehung von den Toten und auf das Wandeln von Gottes Sohn auf der Erde berufen, und dies zu dem einzigen Zweck, dies wissenschaftlich erforschen zu wollen, so würde man diesen für verrückt erklären.

Und dennoch haben wir genau diese verrückte Situation.

Tradition? – Beharrungsvermögen? – Opportunismus? – Gleichgültigkeit? – Ignoranz?

---oOo---

Wenn man dem Priester seinen Jesus Christus und die Wiederauferstehung nimmt, dann ist er so viel und so wenig ein Spezialist für Gott wie ich auch.

---ooo---

Fare lo scemo in un mondo dei furbi.

---ooo---

Religion ist der misslungene Versuch, dem Leben einen Sinn zu geben.

---ooo---

Kommen, Sein und Gehen. Woher wir kommen, wer wir sind, wohin wir gehen.

---ooo---

Ein Pferd, ein kleines Kind, empfinden es nicht als körperlichen Schmerz, dass ihre Einsichtfähigkeit begrenzt ist. Sie wissen noch nicht einmal von dem Defizit.
Auch ich spüre keinen körperlichen Schmerz, ahne aber mein Defizit.

---ooo---

Die Eidechse lebt doch zweifellos.

An ihrem Beispiel kann man zeigen, dass Leben vergehen kann, ohne dass irgendetwas zurückbleibt. Ich habe noch nie von der Forderung gehört, dass bei der Eidechse etwas zurückbleiben müsse.

All unsere Hoffnungen und Interessen können uns nicht vor dieser Realität schützen.

---ooo---

Das Denken dem Trost opfern?

---ooo---

Vorurteile sind leicht zu erkennen: es sind die Urteile, die mit meinen nicht übereinstimmen.

---ooo---

Sollen wir den vergeblichen Versuch machen, das Unerklärliche mit einem Sinn zu erfüllen?

---ooo---

Wenn ich das Christentum wie ein Panier vor mir hertrage, dann brauche ich nicht mehr moralisch zu werden – ich bin es schon.

---ooo---

Die Stärke der Neigung des Menschen, sich einem religiösen Wahn hinzugeben, ist erschreckend und gefährlich.

---ooo---

Ich bin ein Säugetier mit all den Organen, die sich im Laufe einer langen Evolution entwickelt haben. Vieles an mir kommt mir daher recht merkwürdig vor.

---ooo---

Ein Gott, welcher nicht unsere persönlichen Interessen befördert, ist wertlos.

---ooo---

Wenn die Hoffnung stärker ist als der Verstand, gelangt man nicht zur Wahrheit.

---ooo---

Wir sollten uns bewusst sein, dass wir in einem schwarzen, unendlichen Nichts leben, von welchem schließlich noch nicht einmal eine Erinnerung bleibt.

Der Versuch, uns mit 2000 Jahre alten Legenden darüber hinwegzutäuschen,

muss scheitern.

---ooo---

Die Priester und Pfaffen fühlen sich dazu berufen, von Gott zu reden.

Wer das aber berufsmäßig tut, hat ihn schon verfehlt.

---ooo---

Es ist mir aus gegenwärtigen oder praktischen Gründen unmöglich, auf den Mars zu gelangen, dies aber nicht aus absoluten Gründen,

Ebenso: Wenn es gelänge, alle Atome in meinem Körper und vor allem in meinem Gehirn, ihrer Art, Zahl und Lage nach ein zweites Mal neben mir anzuordnen, so entstünde ein zweites identisches Ich mit meinem Bewusstsein.

Wo kämen dann ein zweites Mal all die übrigen Zutaten her, wie Seele, immaterielles Bewusstsein, Unsterblichkeit?

---oOo---

Da wir erfahren und spüren, dass wir unserer selbst nicht mächtig sind (»wir sind, aber wir haben uns nicht«), möchten wir, dass wenigstens ein allmächtiger Gott für uns die Allmacht-Rolle übernimmt. Damit er für diese Rolle überhaupt taugt, muss er es gut mit uns meinen. Also, ein gütiger Gott muss es schon sein.

Die fehlende Evidenz, dass es so etwas gibt, ersetzen wir durch den Glauben daran.

---oOo---

Verstand ist das Verstehen.

---oOo---

Wahrheit ist das wirklich Vorhandene, es ist die Gegebenheit der Welt.

---oOo---

Wer war eigentlich der 121. Mann in der 4. Kohorte der 3. Legion? Wir werden es nie wissen. Wir werden ihm nie begegnen. Er ist so gründlich vergessen, als ob er nie gelebt hätte. In welchem Sinne hat er überhaupt existiert?

---oOo---

Es ist schwer, zwischen Ignoranz und Selbstaufgabe das richtige Maß zu finden.

---oOo---

Die Tatsache, dass eine sehr kleine und sehr unwissende Gruppe von Menschen vor 2000 Jahren glaubte, einer von ihnen sei vom Tode »auferstanden«, kann im 21. Jahrhundert nicht die Grundlage dafür bilden, dass wir an unseren Universitäten Dutzende von Theologischen Fakultäten betreiben.

Welche Art von Wissenschaft können diese bei so dürftigen Voraussetzungen überhaupt liefern?

---oOo---

Es ist den Pfaffen doch tatsächlich gelungen, die Leute glauben zu machen, sie würden ihre eigene Sache vertreten, wenn sie die Sache der Pfaffen vertreten.

---oOo---

Über die Hybris

13 Milliarden Lichtjahre Raum, 4,8 Milliarden Jahre Erde, vielleicht 100 Millionen Tier-, Pflanzen-, Einzeller- und Mikrobenarten. Alles ohne den Menschen. Er wurde nicht gebraucht. Und nach all dem behaupten unwissende Menschlein, das sei ihretwegen geschehen und ein Gott habe einen Menschen für sie gesandt.

Denen, die so etwas nicht glauben, werfen sie Hybris vor. Ich nenne Hybris, wenn sich die Unwissenden derart im Mittelpunkt sehen.

---oOo---

Die Bürger dürfen die Zukunft unseres Landes nicht allein den Politikern überlassen.

---oOo---

Die Hoffnung ist die Schwester des Aberglaubens.

---oOo---

Die Hoffnung gebiert den Aberglauben.

---oOo---

Ohne diese winzige Substanzmenge von einfacher chemischer Struktur würde das Liebesgestöhne sofort aufhören.

---oOo---

Dass die Bibel »das Wort Gottes« sei, ist eine Behauptung, die sich den Kampfnamen »Glaube« zugelegt hat.

---oOo---

Eine Folge von Buchstaben kann einen Sinn enthalten.

Eine Verteilung von Schwarz und Weiß auf einem Papier kann einen Sinn enthalten.

Eine räumliche Anordnung von Molekülen oder subatomaren Partikeln kann einen Sinn enthalten.

Zum Beispiel Goethes Gedicht »An den Mond«.

---ooo---

Das ist das Deutschland von heute:

5 Millionen Deutsche haben kein Geld, um Kinder zu bekommen. Und die noch arbeiten – keine Zeit.

---ooo---

Gib einer Maschine Bewusstsein und sie glaubt, keine Maschine mehr zu sein.

---ooo---

Woher wir kommen. Wohin wir gehen. Wer wir sind.

Ich sehe nur, dass diejenigen aus dem religiösen Bereich, die behaupten, hierzu etwas sagen zu können, selbst nichts wissen.

---ooo---

Dem Menschen bleibt am Ende nur die Hoffnung, bis auch diese versagt.

---ooo---

Denken im Nichts.

---ooo---

Die Hoffnung stirbt zuletzt, - aber sie stirbt.

---ooo---

Jetzt kommen sie wieder, die, welche tausende von »Offenbarungen« während der Menschheitsgeschichte zusammenphantasiert haben, und sie haben nichts verstanden.

---ooo---

Von der Wahrheit reden die Lügner besonders häufig.

---ooo---

Die Zeit ist mein Sicherheitspolster, und sie ist meine unerbittliche, unwiderrufliche Vernichterin.

---ooo---

Wenn Ihr gar nichts sagt, werden sie tun mit Euch, was sie wollen.
Und wenn Ihr alle gemeinsam bloß Nein! sagt, so können sie gar nichts machen.

---ooo---

Wir leben in dieser Welt und bestehen aus dem Stoff dieser Welt. Gleichzeitig erkennen wir diese Welt, allerdings nur in einem begrenzten Ausmaß. Das heißt, die Welt erkennt sich selbst aus sich heraus.
Wie aber mag die absolute Grenze des Erkennens, das Ende und Ziel des Verstehens beschaffen sein?
Ein Maßstab hierfür kann niemals das Erkennen und Verstehen sein, welches dem Menschen als

Ergebnis einer historischen Entwicklung zufällig gegeben wurde.

---ooo---

Muss es eine Grenze oder ein Ende des Erkennens der Welt aus sich heraus geben? Oder kann das Erkennen ohne Ende in seiner Qualität immer weiter gehen? Wie aber soll eine Grenze beschaffen sein?

Aus einem Gefühl heraus kommt man zu einer Analogie mit dem Weltraum: in sich endlich, aber man kommt an keine Grenze.

---ooo---

Wir sind geneigt, das, was über unser Verstehen hinausgeht, als »Transzendenz« zu bezeichnen und mit einer Aura zu umgeben, als sei es das absolut »Jenseitige«. Auf diesem Substrat wächst der Glaube.

Aber die menschliche Transzendenz ist immer noch von dieser Welt und nur für den Menschen »jenseitig«. Für einen weiter entwickelten »Über-

Mammalier« wäre das menschliche »Jenseitige«
zu einem Teil noch das normale »Diesseitige«.

So gibt es diesseitige Antworten auf menschliche
Fragen, die wir einfach nicht verstehen würden
und wenn sie uns jemand noch so geduldig er-
klärte. Ja, es gibt gewiss auch Fragen, deren
Sinn als Frage wir noch nicht einmal verstehen würden.

So, wie ein Pferd sich nicht fragen kann, was
Elektrizität ist.

---ooo---

Wenn genügend Menschen an den Osterhasen
glauben, so wird es auch Lehrstühle für
Hasologie geben.

---ooo---

Mit Worten herbeireden, was nicht ist.

---ooo---

Ich habe mich ein halbes Leben lang mit der molekularen Evolution befasst und brauche mir daher von Mythenanhängern die Welt nicht erklären zu lassen.

---oOo---

Der Titel eines Professors ist inzwischen ziemlich heruntergekommen. Es gibt sogar welche, die von sich behaupten, sie wüssten was »Gott« gesagt habe.
Und die dafür einen Professoren-Titel bekommen haben.

---oOo---

Von »Gott« wird viel Falsches behauptet. Zum Beispiel, dass er existiert.

---oOo---

Glaube und Urteilskraft schließen einander aus.

---oOo---

Eine Eidechse steckt in ihrer Haut und kann nicht aus ihrer Haut heraus.

Ich stecke in meiner Haut und kann nicht aus meiner Haut heraus.

---ooo---

Symmetrie: Ein jeder hält die Legenden seines Kulturkreises für wahr, und die der anderen für falsch.

---ooo---

Gott hat uns den Verstand gegeben, um herauszufinden, was es mit dieser Welt auf sich hat.

Er hat uns gleichzeitig kleine Priesterlein mit auf den Weg gegeben, die uns dabei stören sollen, auf dass wir an ihnen unseren Verstand schärfen.

---ooo---

In mir haben sich sehr viele Atome zusammengefunden, welchen man meinen Namen gegeben hat.

Sie alle haben die Tendenz, möglichst bald wieder selbständig zu werden.

---ooo---

Unsere lächelnden Zähne sind eigentlich dazu gemacht, andere zu zerreißen.

---ooo---

Hätte eine erste Zelle nicht damit begonnen, ihren Bruder zu fressen, dann wären wir alle Pflanzen geblieben.

---ooo---

Wir können uns nicht wirklich vorstellen zu sterben. Unser Unterbewusstsein glaubt, dass wir unsterblich sind. Unser bewusster Verstand sagt uns dagegen etwas ganz anderes.

---ooo---

Seit tausenden von Jahren lebten die Guarani-Indianer im südamerikanischen Urwald und ernährten sich von Pflanzen.

Wie hatte sich Jesus Christus deren Erlösung vorgestellt? Ehe die christlichen Spanier kamen, um sie auszurotten, konnten sie von seiner Botschaft gar nichts wissen.

---oOo---

Der Raum zwischen den Erkenntnis-Horizonten des Pferdes und des Menschen ist ganz offensichtlich nicht mit »Gott« ausgefüllt. Leider gibt es jenseits des Erkenntnis-Horizontes des Menschen aber keinen vergleichbaren Fixpunkt, da wir auf der Erde nun einmal an der relativen Frontlinie des Erkennens marschieren. Ich meine jedoch, dass jenseits unseres Erkenntnisvermögens nicht unmittelbar »Gott« zu finden ist, sondern lediglich ein Bereich, welcher dem Homo sapiens prinzipiell nicht zugänglich ist aufgrund seiner biologischen Konstitution. Ganz ebenso wie dem Pferd aufgrund seiner biologischen Natur der Erkenntnisbereich zwischen Pferd und Mensch prinzipiell nicht zugänglich ist.

---oOo---

Über die Bedingtheit oder die Relativität der Transzendenz

Unser Verstand ist in zweifacher Hinsicht begrenzt: einmal im absoluten Sinne, weil wir historische, biologische Wesen auf einem bestimmten Evolutionsniveau sind und daher über ein bestimmtes Maß an Weltverständnis nicht hinauskommen. Dieses Maß ist uns angeboren und vom Individuum nicht zu überwinden.

Zum anderen vermag unser Erkenntnisapparat nur einen Teil der Wirklichkeit abzubilden und damit zu erkennen und zu verstehen. Unser Auge nimmt nur einen Teil des Spektrums auf, unser Ohr nur einen Teil der Frequenzen, und Stickstoff vermögen wir nicht zu riechen. Das ganz Große und das ganz Kleine können wir nicht sehen, das ganz Laute und das ganz Leise nicht hören. Unser Gehirn dürfte aufgrund seiner evolutionären Entstehung ähnliche Limitationen aufweisen, uns nur einen Teil des Spektrums erschließen und damit das vollständige Erkennen und Verstehen behindern.

---oOo---

Die Wissenschaft kann sich nicht große Bereiche zurechnen lassen und diese gleichzeitig von der wissenschaftlichen Kritik ausnehmen, sei dies aus Gründen der Opportunität oder der Bequemlichkeit, aus Unaufmerksamkeit, zur Vermeidung von Auseinandersetzungen, aus Toleranz oder aus welchen Gründen auch immer.

So sieht sich die Theologie einerseits als Wissenschaft und möchte damit an dem Prestige teilhaben, welches sich die Wissenschaft erworben hat. Sie beansprucht aber gleichzeitig mit dem Glauben einen Freiraum, welcher der Wissenschaft prinzipiell nicht zugänglich sein soll und der sie damit vor wissenschaftlicher Kritik schützt.

Bei anderer Gelegenheit wird erklärt, dass die Wissenschaft für das Immanente, der Glaube aber für das Transzendente zuständig sei. Damit wird eine Sicherheitsschranke errichtet, hinter welcher der Glaube gegen jede rationale Erörterung geschützt sein soll.

Diese Forderung ist ganz offensichtlich unberechtigt.

Glauben kann man ja an vieles: an die Macht der Sterne, an Blitz und Donner als die Stimme Gottes, an Wundererscheinungen, an Engel und den Teufel, an Offenbarungen und an die Auferstehung von den Toten. Weshalb sollte der Bereich des Glaubens von der wissenschaftlichen Untersuchung und der wissenschaftlichen Kritik ausgenommen werden, wo doch gerade die Wissenschaft viele Glaubensinhalte als Irrtum erkannt hat?

---oOo---

Geld und Offenbarungen werden durch Inflation wertlos.

---oOo---

Ein Mädchen kam zu seinem Vater und sagte: »Ich will einen Neandertaler heiraten.«

Das verbot ihr der Vater. Da sagten viele Leute, er sei ein Rassist.

Nun sagte der Vater: »Ich erlaube es dir.« Da sagten ebenso viele Leute, er sei ein Sodomit.

---ooo---

Wir werden nicht gefragt, ob wir leben wollen und wir werden nicht gefragt, ob wir sterben wollen.

---ooo---

Gilt die Botschaft Christi auch für den Neandertaler?

Wenn nicht, warum nicht? Er besaß doch Religion, bestattete seine Toten und liebte seine Nächsten.

Und wenn ja, warum hat dann Jesus Christus ihn 200 000 Jahre im Unklaren gelassen und gewartet, bis der Neandertaler ausgestorben war und er nichts mehr von seiner Botschaft hatte?

---ooo---

Für das Problem der Vergänglichkeit gibt es nur eine Lösung: akzeptieren und resignieren.

Und bis dahin behelfen wir uns mit hoffen und ignorieren.

---oOo---

Die impertinenten Spatzen vom Lac Leman belästigen mich schon seit Jahren.

Diese gierigen grauen Ungeheuer umkreisen meinen Tisch auf dem Parkplatz oberhalb von Montreux. Sie kennen keine Fluchtdistanz.

Werfe ich mit einem kleinen Steinchen nach ihnen, so schreckt sie das keineswegs. Vielmehr stürzen sie sich darauf um zu prüfen, ob es etwas zum Fressen ist.

Die Frechsten setzen sich auf meinen Tisch. Würde ich sie von da nicht verscheuchen, sie würden sich als nächstes auf meinen Teller setzen. Und ließe ich sie gewähren, sie würden alles von meinem Teller fressen und mir, ihrem Wohltäter, nichts übriglassen.

Aber warum sollten Spatzen sich anders verhalten als Menschen?

---ooo---

Also sprach der Abt aus Bayern: Ein jeder trage sein Kreuz ---
dort ein, wo CSU steht.

---ooo---

Also sprach der Grüne aus der Toskana: Lasset uns alle den Gürtel enger schnallen!
Und er ging mit gutem Beispiel voran. Aber siehe, so sehr er sich auch mühte, es passten immer noch vier Arbeitnehmerbäuche hinein.

---ooo---

Zehn Milliarden Kirchensteuer,
Sag mir, ist Dir das geheuer?
Wird das Leben dir zu teuer,
Lab dich an dem Glaubensfeuer.

---ooo---

Also sprachen der Politiker und der Papst: Ein jeder trage des anderen Last.

Wir übernehmen die Bürde deiner Schuld und du trägst die Last der von uns auferlegten Schulden.

---oOo---

Meine Nieren werden von automatischen Befehlen und Inhalten meines Gehirns gesteuert. Wenn meine Nieren unter der Erde oder im Krematorium vergangen sind, dann haben diese spezifischen Gehirninhalte ganz offensichtlich keinen Sinn mehr und würden ins Leere gehen. Es wäre daher absurd zu behaupten, diese Inhalte würden für die Ewigkeit aufbewahrt.

Und die übrigen Gehirninhalte? Wie könnte man diese gegen jene abgrenzen?

---oOo---

Ich nehme an, ein Pferd meint alles zu verstehen, was es zu verstehen gibt.

Es kann nicht wissen, dass es von dem überhaupt nichts versteht, was ein Mensch versteht.

So ergeht es auch analog dem Menschen, der das Gefühl hat, er könne alles verstehen, was es zu verstehen gibt.

Beides erklärt sich aus der Begrenztheit des Gehirns des Pferdes und des Menschen.

---ooo---

Erdöl entstand aus winzigen Mikroorganismen, welche im Meer lebten.

Immer wenn ich auf der Autobahn dahinfahre, muss ich daran denken, wie viele ich davon auf 100 km verbrauche. Milliarden? Trillionen? Lebten sie? Waren es Individuen? – Ja!

Die Welt-Erdölreserven betragen noch mindestens 200 Milliarden Tonnen. Zusätzlich zu dem, was wir schon verbraucht haben.

Wie viele individuelle Organismen mögen das wohl gewesen sein?

Ich meine, wir alle stimmen wohl darin überein: spätestens wenn diese schon stark modifizierten Strukturen in meinem Motor verbrannt sind, bleibt von einem solchen Individuum nichts mehr übrig, rein gar nichts.

Man sieht, man kann ein Individuum sein und doch bleibt am Ende nichts übrig.

Auch der kleine Mikroorganismus hätte sich viel mehr gewünscht, hätte man ihn nur wünschen lassen.

---oOo---

Sie versuchen das, was sie nicht wissen und begreifen können, in Wortgebilde zu fassen, die sie selbst ebenso wenig verstehen können.

---oOo---

Es kann nicht gelingen, mit Mythen und Religionen die Barriere des menschlichen Horizontes zu überwinden. Diese prallen daran ab und sind dann rückwärts gerichtet.

---oOo---

Viele, die gerade noch begreifen, dass die religiösen Überzeugungen der anderen falsch sein könnten, begreifen schon nicht mehr, dass ihre eigenen auch darunter sein könnten.

---oOo---

Die Leute, welche die Legende von der Jungfrauengeburt erfunden haben, konnten noch nicht wissen, dass beim Menschen durch Parthenogenese immer nur Mädchen geboren werden. Eine Tochter Gottes wäre da ein Ausweg gewesen.

---oOo---

Ich habe mich nicht erfunden. Ich habe mir nicht ausgedacht, fünf Finger zu haben. Oder von Nephridien hergeleitete Nierenstrukturen, oder Hämoglobin mit einem zentralen Eisenatom im Porphyrin-Ring. Auch habe ich mit dem genetischen Code und den komplexen Mechanismen des ständigen Informationsflusses in mir nichts zu tun.

Selbst mein Gehirn wurde nicht von mir konstruiert. Wie kann ich da hoffen, einen eigenen Willen zu haben?

---ooo---

Wenn man ihnen nur wenige Mikrogramm Hormone herausfiltrierte, so würden sie ganz anders von der Liebe reden.

---ooo---

Und sie nehmen beiläufig zur Kenntnis, dass die uns bekannte Welt sich über 14 Milliarden Lichtjahre ausdehnt und dass schon 100 Milliarden Menschen gelebt haben.

Und sie glauben, dass einer von vielen anderen Wanderpredigern, der sich 3 Jahre lang vor 80 Generationen in Palästina betätigte und nichts anderes als ein Rabbi sein wollte, Gottes Sohn war.

Und sie sehen zwischen dem einen und dem anderen keinen Zusammenhang, wenn sie die Welt erklären wollen.

---ooo---

Es ist ganz gleich, was wir hoffen, glauben oder zu wissen meinen, am Ende bleibt doch nur die Realität übrig. Ob wir sie verstehen oder nicht, ist dabei unerheblich.

Die Wirklichkeit schweigt.

---oOo---

Der Glaube besteht aus einer heillosen Mischung von Täuschung und Selbsttäuschung.

---oOo---

Mythen und Religionen - das ist die sofortige Behandlung des noch auf lange Zeit Unerklärbaren.

---oOo---

Ihre Reden konstruieren die Theologen vor allem aus dem, was sie nicht wissen und nicht wissen können.

---oOo---

Ein übereifriger Radiosprecher meldete beflissen, dass 10% aller Deutschen nicht wissen, dass Jesus an Weihnachten geboren wurde.

Also scheinen 90% immer noch zu glauben, dass er tatsächlich an Weihnachten geboren wurde.

---oOo---

Ich habe die Hoffnung aufgegeben, dass ich jemals im Jenseits Marcus Caelius, Centurion in der 18. Legion, treffen werde. Er stammte aus Bologna, wurde 53 Jahre alt und fiel in der Varus-Schlacht.

---oOo---

Ich glaube, es ist schwieriger, in allen atomaren Details zu verstehen, wie ein Furz zustande kommt, als zu erklären, wie das Leben entstanden ist.

Im ersten Falle findet ein kaum zu überschauendes atomares Wechselspiel zwischen unzähligen und verschiedenen Zellen des Wirtes und unzähligen und verschiedenen

Bakterienarten statt, während im zweiten Falle auf weniger komplexe Weise Populationen von Makromolekülen zusammengewirkt haben.

---oOo---

Ich sehe vor mir die Massen bei Hitler und beim Papst. Obwohl zu verschiedenen Zeiten Millionen von Leute sagten, man kann nicht Hitler mit dem Papst vergleichen oder man kann nicht den Papst mit Hitler vergleichen.

Aber ich schaue ja nur auf die Massen. Sie hält ein quasi-rationales Gefühl zusammen. Es ist die Aussicht auf Belohnung, indem das limbische System das erhebende Gefühl von Unüberwindlichkeit, absoluter Wahrheit und endgültigem Sinn suggeriert.

Die bessere Einsicht Einzelner wird von dieser Woge aufgesogen. Es kommt das unüberwindbare Gefühl auf: Millionen von Fliegen können nicht irren.

---oOo---

La Mettrie behauptet einfach, die höchste Erfüllung des Lebens bestehe darin, glücklich zu sein.

Woher weiß er das? Wie kommt er darauf?

Es kommt ihm gar nicht erst in den Sinn, dass er das auch begründen sollte.

Er macht nicht die geringsten Anstalten dazu.

Und dann: jeder Mensch buchstabiert »glücklich« nach seinem eigenen Alphabet.

---ooo---

La Mettrie meint, einen Mörder oder Dieb dürfe man eigentlich nicht bestrafen, weil er nur aus einem inneren Antrieb handele, den er nicht beherrsche und er folge als Maschine nur seiner Konstruktion, um auf seine Weise glücklich zu sein.

Er vergisst aber vollkommen, dass die Opfer ebenfalls Maschinen sind, die auch ihrer Konstruktion gemäß handeln und glücklich sein wollen. Ihre eingebaute Handlungsweise führt dann eben zu einem Verlangen nach Strafe und Rache, und der Mörder muss dann doch damit rechnen, dass ihm der Kopf abgeschlagen wird, selbst wenn er gar nicht anders handeln konnte. Sein Opfer oder die strafende Gesellschaft konnten aus dem gleichen Grunde auch nicht anders handeln.

Weshalb sollte nur der Täter den Maschinenbonus erhalten?

---ooo---

Die meisten Menschen wehren sich vehement dagegen, dass der Mensch eine Maschine sein könnte. Schon etwas gleichgültiger sind sie gegenüber der Frage, ob andere Lebewesen Maschinen sein könnten. Und vielen stellt sich die Frage gar nicht erst bei Bakterien oder Viren.

In Wirklichkeit geht es ihnen aber um etwas ganz anderes. Wenn Maschinen nicht vergänglich wären wie der Mensch, dann hätten sie mit einem Male einen ganz anderen Nimbus. Man könnte auf sie das »Weiterleben nach dem Tode« projizieren, wofür bisher die Seele herhalten musste. Da solche eternen Maschinen für alle Zukunft offen sind, könnten sie auch die »Sinnstiftung« übernehmen.

---ooo---

Das Aufheulen unserer kleinen Existenz verwehrt den Blick auf die Wirklichkeit dieser Welt.

---ooo---

Wenn ihr nicht ab und zu einmal Nein! sagt, werden sie alles mit euch machen.

---ooo---

Diffuses Denken ist der Nährboden für den Glauben.

---ooo---

Sie reden beständig von der Wahrheit, auch wenn gar kein Anlass dazu besteht, doch sie wollen die Wahrheit eigentlich gar nicht wissen.

---ooo---

Wir können schreien und toben wie wir wollen, wir müssen doch erleiden was wir sollen.

---ooo---

Ich gehe einen Strand entlang und laufe über eine unbeschreiblich große Zahl von Sandkörnern dahin. Liegt jedes an seinem Platz, in seiner Größe und Gestalt, ganz zufällig da oder ist ein jedes mit Bedacht geschaffen und hier plaziert worden?

Warum und zu welchem Zweck sollte jedes einzelne dieser Sandkörner das Ergebnis einer Schöpfung sein? Wo sie doch sowieso nicht seit Anfang der Welt bestehen und alsbald wieder zerrieben werden und zerfallen. Zur Bedeutungslosigkeit.

Und jedes dieser einzelnen Sandkörner besteht aus einer unvorstellbar großen Zahl von Atomen. Ist deren Zahl und Anordnung dem Zufall zu verdanken oder einem »höheren Plan«? Nun bilden diese Sandkörner gerade einmal eine dünne Schicht auf der Oberfläche der Erde, und an sie grenzen alle Wassermoleküle der Weltmeere, die sich in unaufhörlicher Bewegung befinden. Wer kontrolliert diese?

Und das Ganze ist zu multiplizieren mit der gesamten Erdenmasse mit ihren niemals stillstehenden Abläufen. Und die Erde ist nur ein kleiner Körper im Sonnensystem, und die Sonne ist nur ein unbedeutender Stern unter Milliarden anderen in der Milchstrasse, und unsere Galaxie ist nur eine von Milliarden von Galaxien in unserem Universum, von welchem noch niemand sagen kann, wie groß es ist und ob es das einzige ist.

An dieser Stelle muss doch die Frage erlaubt sein, ob das alles auf den Menschen hinausläuft. Oder auf Jesus Christus. Oder auf einen der tausend Götter, welche die Menschen im Laufe der Zeit heimgesucht haben.

---ooo---

Soweit die Menschen eine Moral haben, so haben sie diese aus eigenem Verdienst und aus eigener Souveränität. Schon unsere Vorfahren waren moralisch seit Tausenden von Generationen.

Viel später kam die Kirche hinzu und hat über die Menschen das Netz der »christlichen Werte« gelegt, um sie mit der Behauptung, nur mit Hilfe der Kirche sei ein moralisches Leben möglich, besser beherrschen zu können.

---ooo---

Glaube ist eine Mischung aus Autosuggestion und Fremdsuggestion. Eine Mischung aus Selbsttäuschung und Fremdtäuschung.
Ein sehr stabiler Mechanismus. Die unsinnigsten Gegenstände können zum Gegenstand des Glaubens werden. Der Lauf der Sterne oder die Aussagen von Hirtenkindern. Und manche sagen dann noch: Ich glaube, weil es Unsinn ist. Und sie sind noch stolz darauf.

---ooo---

Jeder einzelne, mit dem, was er glaubt oder tut, bestimmt das Schicksal der Welt.

---ooo---

Sie glauben, die richtigen Antworten zu haben, aber sie haben noch nicht einmal die richtigen Fragen gestellt.

---oOo---

Eine Toleranz, die in Erwartung göttlichen Wohlwollens geübt wird, ist dadurch diskreditiert, dass sie sich davon einen Vorteil verspricht. Göttliches Wohlwollen wird dann als viel gewichtiger empfunden, als der Anspruch, auf den ich möglicherweise verzichte. Eine solche Toleranz ist keine freie, autonome, menschliche Entscheidung, sondern eine Kosten-Nutzen-Abwägung. Ich nenne sie eine Belohnungs-Toleranz.

---oOo---

Das, was man wissen kann, wissen sie nicht, aber sie wissen das, was man nicht wissen kann.

---oOo---

Die Zeit ist unser einziger Schutz und sie ist schließlich unser sicheres Verderben.

---oOo---

Ich bestehe aus up- und down-quarks, sowie Elektronen und den Kräften, die zwischen diesen herrschen. Was wäre da sonst noch? Nichts.

---oOo---

Und da sagen manche Menschen, ein Gott habe einen Sohn gehabt und diesen habe er nach 13 Milliarden Jahren zu ein paar Menschen an einen See geschickt.

Dabei habe er die Chinesen, die Afrikaner und die Indianer nicht berücksichtigt, sondern den Papst beauftragt, dies später nachzuholen. Nur der Neandertaler konnte nicht mehr berücksichtigt werden, weil er nach einer Wartezeit von 200 000 Jahren schon ausgestorben war.

---oOo---

Teilt Gott die sexuellen Gefühle des Mannes? Weshalb ließ er seinen Sohn von einer »Jungfrau« gebären? Diese Schimäre verdankt ihre Entstehung allein dem Sexualneid der Männer. Schon Frauen sehen das ganz anders, was eine »Jungfrau« ist. Diese Geschichten wurden von Männern erfunden.

---oOo---

Menschenwürde? sagte die Ameise. Nie davon gehört.
Ich kenne nur die Würde der Ameisen.

---oOo---

Ich weiß nicht, wie es ist, aber ich weiß sehr wohl, wie es nicht ist.

---oOo---

Unser Verstand hat sich ja nur relativ von dem eines Kindes entfernt, nicht absolut.

---oOo---

Acanthostega hatte 8 Zehen an seinen Füßen, als er vor 360 Millionen Jahren als einer der Vorfahren aller Vierfüßler erstmals das Land betrat. Wäre es dabei geblieben, so würde ich heute meine 8 Finger als gegeben hinnehmen und mich nur darüber wundern, dass es auch Lebewesen mit nur 5 Fingern geben soll.

Noch nicht einmal auf die Zahl meiner Finger ist Verlaß.

---oOo---

Mensch, werde wesentlich. Das ist schon recht. Aber nicht, indem man vom evangelischen zum katholischen Glauben wechselt.

---oOo---

Die Welt ist anders beschaffen, als wir es hoffen und als wir es uns in unseren Träumen ausmalen, sagte die Ameise.

Denn alle Ameisen müssen vergehen.

---oOo---

Meinst du, die Wahrheit über deine Lage herauszufinden, solange du noch Wünsche und Hoffnungen hast?

---oOo---

Moral gegen Heilsversprechen, - was ist das für eine Moral?

---ooo---

Nimm Geld und Macht und jede Art von Belohnung weg und du wirst staunen, was von der Kirche noch übrig bleibt.

---ooo---

Hätte man ihm 30 Millionstel Gramm $C_{19}H_{28}O_2$ genommen, so wäre er niemals in der Lage gewesen zu dichten:

»Es schlug mein Herz, geschwind zu Pferde!
…In meinen Adern, welches Feuer!«

Das Feuer in seinen Adern bestand aus Testosteron.

---ooo---

Schon der Regenwurm hat für uns die Prinzipien unseres Nervensystem erfunden und damit die Grundlagen für unser Bewusstsein.

---ooo---

Die Freiheit des Wortes verdanken wir nicht denen, gegen welche sich unsere Worte richten.

---ooo---

Mir genügt schon deine Einsicht, dass hier auf Erden noch nie ein Mensch aus Fleisch und Blut herumgelaufen ist, der das 13 Milliarden Lichtjahre große Universum zu verantworten hat.
Über den Rest können wir uns in Ruhe unterhalten.

---ooo---

Lass deine Hoffnungen nicht zum Maßstab für deine Wahrheitssuche werden.

---ooo---